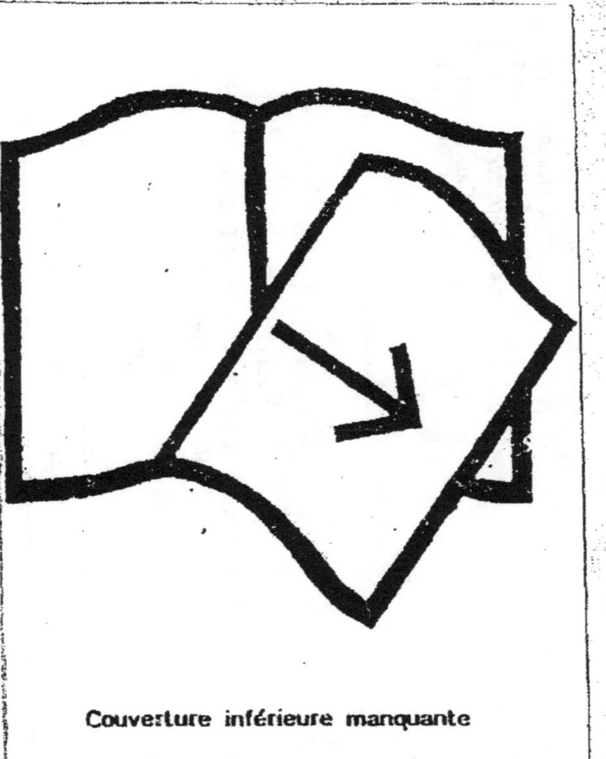

Couverture inférieure manquante

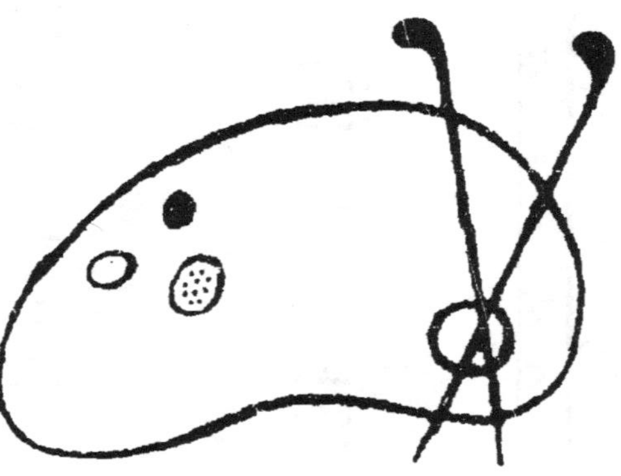

Début d'une série de documents en couleur

A M. L. Delisle, hommage respectueux
de l'auteur L'abbé C. Douais

DE L'ENSEIGNEMENT

DE

L'HISTOIRE ECCLÉSIASTIQUE

PAR

C. DOUAIS

DOCTEUR EN THÉOLOGIE

MEMBRE DE L'ACADÉMIE DE RELIGION CATHOLIQUE DE ROME

PROFESSEUR AUX FACULTÉS LIBRES DE TOULOUSE

« Tant plus ce siècle est cor-
rompu et méchant, tant plus
les gens de bien doivent tenir
bon et s'efforcer. »

Cardinal d'Ossat,
Lettres, tom. I, p. 91.

PARIS

LIBRAIRIE POUSSIELGUE

15, rue Cassette, 15

—

1882

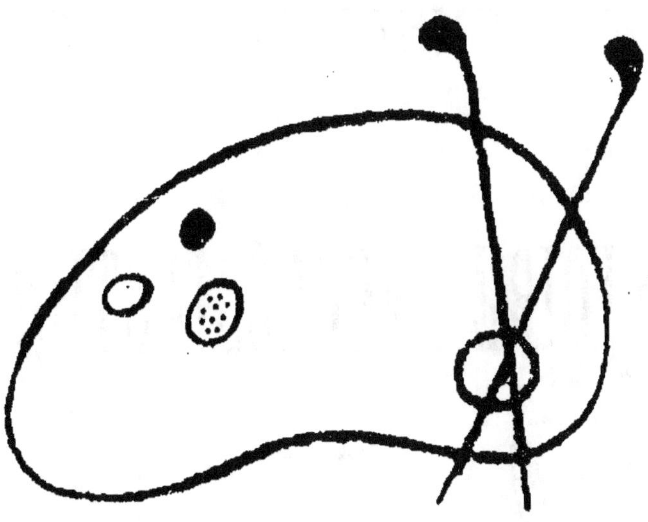

Fin d'une série de documents
en couleur

DE L'ENSEIGNEMENT

DE

L'HISTOIRE ECCLÉSIASTIQUE

PAR

C. DOUAIS

DOCTEUR EN THÉOLOGIE

MEMBRE DE L'ACADÉMIE DE RELIGION CATHOLIQUE DE ROME

PROFESSEUR AUX FACULTÉS LIBRES DE TOULOUSE

« Tant plus ce siècle est cor-
rompu et méchant, tant plus
les gens de bien doivent tenir
bon et s'efforcer. »

Cardinal D'OSSAT,
Lettres, tom. I, p. 91.

PARIS

LIBRAIRIE POUSSIELGUE

15, rue cassette, 15

1882

DE L'ENSEIGNEMENT

DE L'HISTOIRE ECCLÉSIASTIQUE

DANS LES ÉCOLES SUPÉRIEURES DE THÉOLOGIE.

Appelé, depuis deux ans, à enseigner l'Histoire Ecclésiastique à l'École supérieure de Théologie de Toulouse, je me propose d'exposer en peu de mots le but principal de cet enseignement.

Deux ans, c'est un espace de temps bien court: l'heure est-elle venue de parler de choses qui n'ont pas traversé l'épreuve de l'expérience ? Le temps, la pratique les résultats obtenus, l'expérience permettront sans doute dans l'avenir de perfectionner les moyens par lesquels on atteindra le but qu'on se promet dans les Écoles supérieures de Théologie. Mais le but lui-même ne parait pas devoir changer : il appartient à un ordre d'idées de rigueur critique, de méthode et de procédé scientifique, appelées à établir de plus en plus leur empire bienfaisant sur les esprits. En ouvrant l'enseignement de l'Histoire Ecclésiastique, n'est-il pas bon de marquer le point précis où l'on se propose d'arriver ?

D'ailleurs, le régime des écoles de Théologie n'est déjà plus strictement ce qu'il était dans les anciennes universités : les nécessités de polémique, les progrès acquis dans telles branches du domaine intellectuel, les faveurs du public elles-mêmes pour l'histoire, faveurs que des travaux de mérite justifient, ont singulièrement élargi ce régime. A l'heure actuelle, trois Instituts Catholiques sur cinq établis en France, ceux de Paris, de Lille et de Toulouse, sont dotés d'une Chaire d'Histoire Ecclésiastique. Pour ne parler que de celui de Toulouse, un triple décret pontifical, du mois d'août 1881, y consacrait le haut enseignement ecclésiastique, sous ses trois formes ordinaires : la Théologie, le Droit Canonique, la Philosophie. Or, le décret spécial à la Théologie fait entrer l'enseignement de l'Histoire en part de l'enseignement canoniquement établi : l'Histoire est une des quatre matières qui font l'objet des examens pour l'obtention des grades académiques (1). Cette disposition, appliquée déjà par les Facultés de Louvain et de Tubingue, la Congrégation des Études tend à la généraliser ; elle appelle notre attention. Autrefois les universités enseignaient le Dogme seul, ou tout au moins, comme encore aujourd'hui pour le Collège Romain, le Dogme fournissait toute la matière des examens. Mais il n'en est plus ainsi. Les temps ont changé en effet ; en changeant, ils ont créé des nécesssités d'enseignement un peu nouvelles. Importantes par elles-mêmes et en progrès croissant, les études historiques ont aujourd'hui une très-large part aux préoccupations des érudits, des chercheurs, des amateurs des choses du passé : et ils sont de plus en plus nombreux ceux que le travail de résurrection du passé par l'érudition attire, passionne, rend

____

(1) « In fel. re. Leonis XII Constitutione *Quod divina sapientia*, statuitur candidatos cathedram oportere celebrare facultatis, cujus quisque academicos gradus consequi satagit : hinc laurea in facultate Tolosana insigniri peroptans, integrum S. Theologiæ cursum quatuor scilicet annorum spatio explere, Theologiæ Dogmaticæ et Morali, S. Scripturæ et Historiæ Ecclesiasticæ operam dando. » *Decretum*, n° 4.

âpres à la peine, enthousiasme. Avouons le : c'est un noble plaisir que d'éprouver le sentiment immédiat de la vie intellectuelle, morale, religieuse de générations éteintes. De toutes les conditions, sur le fond desquelles ces générations ont déployé leur génie, l'idée religieuse est, à la vérité, la seule persistante. Ainsi, en apparence, la vie de l'Église présente une uniformité monotone. Cependant, on ne peut oublier que les conditions des peuples se modifient avec les siècles : si l'Église seule reste, c'est pour pénétrer tout progrès de l'esprit chrétien. Unis dans l'histoire de l'Église, qui est pour tous les hommes une propriété commune, les peuples gardent en même temps leur caractère propre. De là un intérêt général et particulier, j'allais dire un intérêt vital, qui a le privilège de s'attacher à cette histoire. Car les sociétés humaines ne vivent pas uniquement du présent, pas plus qu'elle ne se condamnent à ne connaître que les finances, l'armée et l'industrie. La patrie, c'est un passé où les traverses succèdent aux grandeurs ; c'est aussi un avenir qui serait grand, si Dieu n'écoutait que nos vœux. Mais il importe plus particulièrement à la société religieuse d'interroger les âges, d'entendre l'antiquité lui dire d'où elle vient et où elle va. Elle est établie sur un enseignement traditionnel, le passé a pour elle un attrait indéfinissable : il garde, non pas seulement ses titres de noblesse, mais ses titres à l'existence et au respect des peuples. C'est le charme du passé — et quel passé ! les temps apostoliques, l'ère des martyrs, les successions des premiers évêques ; — qui fit d'Eusèbe le premier historien de l'Église (1), et qui a multiplié les recherches historiques. Depuis, l'attrait n'a pas changé de nature : il

____

(1) *Hist. Eccl.* Lib. I, Cap. I.

s'est seulement accru de l'intérêt particulier, propre à chacun des évènements, qui, après Constantin, ont passionné, révolutionné le monde, et qui, éclatant souvent contre l'Église, mettent dans un admirable relief la force de sa foi et la puissance de sa charité : ainsi les traces de ses œuvres sont bénies pour chaque peuple, autant que sacrées pour l'humanité tout entière dont elles racontent les destinées.

Qu'il me soit donc permis de m'essayer à dire brièvement comment je comprends l'enseignement de l'Histoire Ecclésiastique dans les Écoles supérieures de Théologie. Il me semble que l'importance croissante des auxiliaires de la science historique et les nécessités de l'heure présente peuvent nous faire comprendre ce qu'il doit être.

I

Marquons d'abord le rang de l'Histoire dans les sciences sacrées.

Bacon la plaçait très-haut, quand il disait d'elle qu'elle est pour l'évêque et pour le théologien une meilleure école que les œuvres du bienheureux Ambroise et du grand Augustin (1). A la vérité, seule elle est en mesure de présenter le tableau complet de la vie de l'Église, à toutes les époques et dans ses multiples manifestations; les origines, les développements de la foi, les agrandissements magnifiques de la charité, les premiers comme les grands jours de la science théo-

____

(1) « Neque enim B. Augustini, aut B. Ambrosii opera ad prudentiam Episcopi aut theologi tantum facere posse putamus, quantum si ecclesiastica historia diligenter inspiciatur et revolvatur. » *De augm. Scient.* Lib. II, Cap. IV, 4. Ed. Bouillet, T. I, p. 120.

gique. C'est elle surtout qui montre comment Dieu a réalisé dans le temps et au moyen de l'homme libre ses desseins de miséricorde conçus de toute éternité pour se procurer par son Christ et par l'Église un culte et un hommage dignes de lui. Cependant elle ne songe pas à remplacer ou à suppléer quelqu'un des enseignements qui se greffent sur le vaste tronc de la science sacrée. Le dogme a toujours eu le premier rang dans l'enseignement théologique. La morale, non pas seulement la morale casuistique, mais l'exposé des principes qui sont la clé des cas particuliers, jouit du privilège qui s'attache nécessairement à la connaissance de la règle du bien vivre au sens chrétien. L'Écriture Sainte et la Patrologie sont les deux sources de la révélation : voilà dix-huit siècles qu'elles versent leurs flots divins dans le cœur de l'Église, qui, les dépouillant de toute obscurité, les change en flots de pure lumière. Quelle délectation que de s'y abreuver! Le Droit canonique explique l'organisme de ce grand corps, le jeu de son gouvernement, de ses institutions et des lois qui régissent la société chrétienne. Enfin une bonne et forte Philosophie scolastique est la condition de bonnes et fortes études théologiques. L'Histoire rencontre ces enseignements, comme elle rencontre les écoles ecclésiastiques, qui ont occupé et occupent aujourd'hui plus que jamais une si vaste place dans les plus chères préoccupations des Pasteurs. Elle raconte leurs œuvres : mais elle ne les remplace pas. Au contraire, elle les appelle à son secours. Car avant d'être en état de montrer le déploiement successif du principe de lumière et de vie déposé par Jésus-Christ dans l'Église ; avant de décrire l'influence exercée par ce principe sur les peuples à mesure qu'ils ont apparu sur la scène de l'Europe; avant de raconter le progrès de la civilisation chrétienne, il importe, j'allais dire il est nécessaire, d'interroger l'Église sur sa foi, de connaître sa doctrine et d'être devenu bon juge pour le jeu de ses institutions et le fonctionnement de sa hiérarchie; avant de dérouler la suite des affaires de ce monde et de dégager d'elles la figure du Christ rédempteur, autour duquel toute l'histoire gravite et qui établit l'unité d'événements en apparence contraires, il est indispensable de connaître ce monde et l'homme; en un mot, avant d'être historien, il faut être philosophe et théologien. L'Histoire rend donc un hommage sincère à la Théologie, à l'Exégèse, au Droit Canon, à la Philosophie: mais elle aspire à mériter l'honneur d'entrer dans le cortège de la science sacrée, car, sûre d'elle-même, elle croit pouvoir rendre des services, à la condition toutefois de trouver non seulement des hommes de bonne volonté, mais surtout des ouvriers appliqués, familiarisés avec les procédés scientifiques.

Que l'Église soit attaquée sur tous les points du territoire chrétien et du domaine intellectuel, c'est un fait malheureusement évident et cruel. Rares les institutions d'autrefois, rares ses fidèles serviteurs dans les autres âges qui trouvent grâce devant le rationalisme historique; on révise tout, réputations, fondations, hommes et choses: et rien de surprenant que l'histoire, servant d'instrument à cette révision, ait paru à quelques-uns être une conspiration contre la vérité. Mais là n'est pas le plus grand mal: l'Église n'a besoin que de la vérité. A mon sens, il y a lieu de se préoccuper surtout de ceci, que son passé est livré à tout le monde, même aux mécréants, et que beaucoup de ceux dont il est le patrimoine, l'honneur et la force, pratiquent envers lui un désintéressement inexplicable. Les Acadé-

mies laïques et gouvernementales président aujour-
d'hui aux vastes entreprises de l'érudition et aux
grandes publications. Je ne m'en plains pas : en tout
chercheur loyal je salue un auxiliaire. Je me plains
d'avantage du sort fait au clergé. C'est à peine si
quelques-uns de ses membres siègent dans les acadé-
mies locales ; on entend dire souvent qu'il ignore son
histoire, qu'il est inférieur à celui du XVIIe et du
XVIIIe siècle, surtout en ceci qu'il méconnait la méthode
rationnelle de l'histoire et les règles de la grande
érudition : on voit de temps en temps paraître quelques
travaux de vulgarisation, mais bien rares sont les
œuvres d'un caractère original.

Ces faits, on les retourne contre le clergé sans trop
se demander si le reproche qu'ils semblent impliquer
est exempt de toute injustice. Occupé à d'autres soins,
pauvre, peu nombreux, le clergé n'a pu se livrer aux
recherches ; et quand il l'a pu, il a souvent manqué des
ressources nécessaires pour les mettre au jour. Nonobs-
tant ces obstacles trop réels, à l'heure actuelle, quelques
uns de ses membres jouissent d'une réputation méri-
tée. Cependant, il faut être sincère : si nous n'ignorons
pas notre beau passé au degré qu'on se plait à le dire,
avouons que nous restons plus étrangers à la méthode historique, aux instruments de l'histoire ; nous n'a-
vons pas encore pris l'habitude d'aller aux sources ;
nous n'avons pas acquis la rigueur scientifique qui appelle la considération. C'est ainsi qu'on a vu des œuvres historiques, dont le mérite principal n'était ni le
dépouillement des textes ni le discernement critique,
monter très haut dans le commerce et la faveur. Pour
quelques uns, l'histoire offre simplement une lecture
agréable, pour d'autres elle est un arsenal de traits
variés ; à ceux-ci, elle semble favoriser un certain af-

franchissement intellectuel ; peu ou prou, on se persuade que peindre, c'est toujours raconter ; et parce que l'on a acquis quelque expérience de la nature humaine, on croit présenter le tableau véridique du passé, quand on ne donne qu'un tableau d'imagination, plus habile que vrai. Ainsi, on se dispense de faire de l'histoire un objet d'études spéciales et de forte application. Une opinion trop répandue, c'est que le bon sens, la connaissance, la juste appréciation des hommes, l'amour de la vérité, le culte des principes orthodoxes sont des règles suffisantes, ou, en tout cas, les grandes règles pour traiter de l'histoire. Ainsi, on se dispense d'étudier les lois de la Critique, ces lois sages qui sont toute la méthode. Pourtant l'école bénédictine du XVIIIe siècle en traçait déjà la grande ébauche : elles sont arrivées, avec le temps et l'étude, à ce degré de précision admirable que le P. de Smedt leur a donné en les resserrant dans des formules brèves et claires (1). On ne songe pas qu'avant de peindre, il faut interpréter ; qu'avant de donner aux faits d'un passé évanoui le caractère, la vie, leur signification, il faut les soumettre à une analyse patiente ; que les règles de la Critique dirigent avec intelligence l'historien dans ces recherches et dans cette analyse, et aident beaucoup au développement des qualités de bon sens, de discernement, de juste appréciation qui lui sont indispensables. C'est pour avoir ignoré ces règles que tel auteur, dont les études paraissaient hier encore, a pris dans la simple possibilité d'un fait un argument en faveur de sa probabilité ou même de sa certitude ; que tel autre, ayant à choisir entre plusieurs

____

(1) *Introductio generalis ad historiam ecclesiasticam critice tractandam.* Tract. I. *De præcipuis regulis artis criticæ.* p. 1-50. Paris, 1876.

versions d'un manuscrit, a préféré à la plus ancienne celle qui avait pour elle le plus grand nombre de copies conformes ; et que celui-ci, dont les conclusions étaient infirmées par l'argument négatif du silence des documents, a été jusqu'à refuser toute valeur à cet argument. On ne songe pas assez que l'histoire est une des sciences les plus difficiles à acquérir et à traiter. Faire abstraction de soi ; transporter son esprit dans un milieu qui n'est plus ; le faire ancien, comme disait Bacon *«velut antiquum facere»* (2) ; suivre les successions des hommes et des choses, des idées et des faits, des institutions et des peuples ; discerner le caractère, les tendances, les passions de générations disparues ; saisir dans leur unité les actions les plus complexes ; caractériser les luttes, les efforts, les obstacles : suivre, si cette image m'est permise, les rides d'abord insaisissables qui, en se croisant, forment les grandes vagues de l'océan : quel labeur ! Pour se rendre familières des conditions sociales et religieuses dont le fond ne présente parfois que des couleurs incertaines, quelle application est nécessaire ! Pour bien mener un récit surtout pour lui donner sa couleur authentique, pour le présenter avec son tour achevé et son caractère providentiel, il faut l'érudition qui sait voir et l'imagination qui sait peindre ; il faut surtout de la réflexion, une parfaite connaissance de la nature humaine et des voies divines.

Comment acquérir cette érudition sûre d'elle-même, de bon aloi, de forte trempe ? Les règles de la Critique apprennent à la mettre en œuvre ; et le commerce constant et intelligent avec les *Instruments* de l'histoire est la condition première pour l'acquérir : autrement, on ne sera jamais qu'un médiocre interprète des

(2) Op. cit. p. 121.

monuments du passé. Aussi je ne m'étonne point
que les Instruments de l'histoire aient pris une grande
importance ; aujourd'hui, leur lecture et leur inter-
prétation ont créé des ordres de connaissances nouveaux, avec leurs règles propres; ils sont en voie de progrès et atteignent à une perfection telle que chacun d'eux
constitue une branche de connaissances distinctes
dans le vaste réseau de la science historique. Qu'on
ne se plaigne pas de cette surcharge apparente : car
les règles particulières à chacune de ces branches, per-
mettant de classer des faits de même ordre, en facilitent
la mémoire et l'intelligence: une fois les faits exactement
classés, il devient plus aisé de les faire converger vers
le point commun auquel ils se rapportent.

Je crois donc utile de dire un mot rapide de
ces ordres de connaissances spéciales: j'y prendrai une
plus forte évidence pour établir mes conclusions.

Les deux mots *documenta* et *instrumenta* étaient
synonymes dans le *Gallia christiana*, l'*Histoire
de Languedoc*, l'*Histoire de Bretagne*, et en
général les œuvres historiques sorties des monastères bénédictins du XVII° et du XVIII° siècle : ils
n'ont pas perdu cette synonymie. Or, les *documents*
nous ont été conservés ou par le papier — ceux-là
sont les plus nombreux — ou par la pierre, ou par le
métal. De là, la Paléographie, l'Archéologie, l'Epigraphie et la Numismatique. La Numismatique appartient
davantage à l'histoire profane qu'à l'histoire ecclésiastique, bien que les monnaies et les médailles des Papes
jettent quelque jour sur tel ou tel pontificat, notamment sur le gouvernement politique des Etats du
Saint-Siège ; je n'en dirai rien. La Paléographie enseigne à déchiffrer tous les monuments écrits de l'Antiquité et du Moyen-Age, notamment les chartes et tous

titres sur parchemin. Elle ne se sépare point de la Diplomatique, qui apprend à juger de l'âge et de l'authenticité des anciens titres. Les origines de l'une et de l'autre de ces deux sciences, qui se complètent, n'appartiennent pas à notre siècle, comme par exemple l'Egyptologie et l'Assyriologie. Mabillon, reprenant en sous œuvre la pensée ébauchée dans le *Propylœum* du P Papebrock, en fixa les fondements dans son ouvrage immortel, *De re diplomaticâ*, qui parut en 1681. Il est vrai que cette œuvre suscita de vives polémiques en France, en Allemagne, en Angleterre : il arrive trop souvent que l'excellence d'écrits destinés à jouir plus tard d'un universel crédit est contestée de leur temps. Un critique Milanais, Beretti, appelait « une guerre » la polémique soulevée alors (1) : la Diplomatique eut ses ennemis, entre autres le P. Germon, le P. Harduin, Baudelot de Dairval : elle eut aussi ses défenseurs, par exemple Fontanini, Gati, Vaissière de la Croze. La victoire resta à Mabillon et à Ruinart. L'œuvre de Mabillon revue par D. Toustain et D. Tastin (2), et enrichie des dissertations d'Ademari pour l'édition de Naples (1789), reste comme la source principale où les diplomatistes puisent incessamment des renseignements utiles. Cependant, de nos jours, ont paru deux études qui se recommandent à des titres différents ; l'une complète sur quelques points l'écrit de Mabillon : ce sont les *Eléments de Paléographie*, de M. Natalis de Wailly ; l'autre, élémentaire, est destinée au jeune paléographe, c'est le manuel intitulé *La Paléographie des Chartes*, par M. Chassan, auquel l'auteur a joint

______

(1) *Istoria della guerra diplomatica*, 1729.

(2) *Nouveau traité de diplomatique*. Le 1ᵉʳ vol. parut en 1750, le second en 1765.

avec avantage le *Dictionnaire des abréviations latines et françaises usitées au Moyen-Age.*

Mais la France, l'Allemagne et l'Italie ont fait mieux encore. On y apprend dans des écoles spéciales l'art de lire les Chartes, et l'art plus difficile de les interpréter. L'Ecole des Chartes, en France, travaille depuis cinquante ans, à populariser, si l'on peut dire, un art réservé, semble-t-il, à quelques esprits curieux et amateurs d'antiquités. Les Archivistes-paléographes sont en nombre aujourd'hui. Le soin, le classement des archives départementales leur sont confiés : ils ont donc en main la clé de l'histoire des évêchés, des abbayes, de l'Eglise de France. Ainsi notre passé est abandonné parfois au caprice d'adversaires qui se nourrissent de préjugés; qui, s'ils lisent les Chartes, n'ont pas les études spéciales pour comprendre les institutions ecclésiastiques. De là, l'obligation, à bien des titres, de nous organiser en phalanges d'ardents travailleurs, en état de lire les monuments du passé, de les interpréter, et de raconter même, s'il le faut, quelques-uns des faits glorieux de nos vastes annales, avec la compétence que l'aptitude et l'étude donnent et qui appelle le crédit. Le XVIIe et le XVIIIe siècles, quel que soit le mérite de leurs travaux, n'ont laissé qu'une histoire incomplète de l'Eglise de France et de l'Eglise universelle. Que dis-je une histoire ? Ce ne sont guère que les jalons de l'histoire, enrichis de documents. Ils ont eu la gloire de créer : elle est la plus pure : ils nous ont laissé le devoir de poursuivre l'entreprise par la publication des documents qui restent, et par une mise en œuvre que les découvertes journalières rendent plus précise, plus large à la fois, plus vraie.

L'Archéologie a ouvert, en effet, depuis de longues

années déjà, un vaste champ aux investigations personnelles. Je ne ferai pas l'éloge de la science des antiquités sacrées : M. de Rossi est son honneur à l'heure
présente ; je ne veux même me souvenir, pour le moment, des résultats obtenus, que pour me promettre
des résultats nouveaux. La Théologie, par exemple, ne se plaindra pas d'elle. A la vérité, elle n'avait
pas à attendre la mise au jour des peintures et des
inscriptions catacombales pour établir telle de ses conclusions, notamment en ce qui regarde les sacrements
et le culte de la Sainte Vierge. Mais abondance de biens
ne nuit pas.

Nil satis est, quia tanti, quantum habeas, sis (1).

Je soupçonne même que tel de nos apologistes aura
souri d'aise à la pensée que les ténèbres des Catacombes couvrent de confusion la théologie protestante:
celle-ci ne parviendra jamais à éluder le témoignage de
la foi des premiers chrétiens gravé sur les murs de
leur prison. Or, l'Archéologie sacrée ne limite pas
son domaine à la seule ville de Rome. Il ne fallut pas
à l'Eglise de longs siècles pour dérouler sa tente
dans tout le monde romain ; l'archéologue chrétien n'a pas à envier à l'archéologue profane l'é-
tendue de ses recherches. Les grandes chrétientés
qui se développèrent en Italie, en Gaule, en Grèce, en
Afrique, en Orient, dans l'Asie Mineure s'offrent à lui ;
qu'il fouille avec confiance : bien souvent, là où le papier se tait, la pierre parle. Une de ses premières
joies sera de constater la même vie chrétienne à
Rome, mère des églises, et dans les églises particulières. C'est en effet une délectation scientifique et
une consolation religieuse de l'étudier à la fois au

____

(1) Horac. *Satir.* Lib. I Sat. I, 62.

cœur et dans les membres. Il n'y a presque point de peine, et il y a beaucoup de lumière. L'Archéologie a du reste pour compagne l'Epigraphie, ou l'art de lire les inscriptions anciennes ; et celle-ci lui apporte un appoint de richesses considérables ; de tout temps, les peuples ont confié à la pierre, leur foi religieuse et le mot de leurs généalogies.

Ainsi les découvertes de l'Archéologie et de l'Épigraphie sacrées aideront à préciser l'histoire ecclésiastique. Les annales des six premiers siècles particulièrement s'élargiront ; et, sans se réformer, elles prendront un relief plus vigoureux, un fort caractère de vérité et de vie (1). Si un rapprochement m'était permis, j'aimerais à me représenter le travail de l'historien sous l'image de l'artiste placé devant l'imposante figure d'une matrone vénérable dont il se propose de reproduire les traits. Il prend d'abord du personnage une idée d'ensemble, il en trace le croquis. Puis, armant sa main du pinceau, il commence à peindre. Mais plus il observe ces traits grandis par la faiblesse, par l'épreuve, par les années, plus leur douce majesté se découvre à ses yeux. Ce sont d'incalculables délicatesses qui se cachent sous les nuances infinies de la vertu humble, calme et triomphante ; c'est un mélange indéfinissable d'impressions

____

(1) Ainsi M. Le Blant, étudiant les *Inscriptiones Africæ latinæ* publiées par l'Académie de Berlin, fait observer : 1° qu'elles prouvent la foi ardente des premiers chrétiens en une rémunération future ; 2° que par leurs ressemblances avec les inscriptions des Catacombes romaines, elles corroborent l'ancienne tradition, d'après laquelle l'Afrique tenait de Rome son Evangélisation ; 3° qu'elles confirment la haute antiquité du culte des reliques. *Journal des savants*, mai 1882.

divines et humaines. Il regarde et il admire ; plus il étudie, plus il donne à sa toile l'expression, le caractère, la vie, avançant toujours vers la réalité, mais ne l'atteignant jamais.

Or, justement, l'Archéologie et l'Epigraphie sont pour l'histoire ce regard pénétrant de l'artiste. Elles lui permettent de s'enfoncer jusqu'au plus intime du cœur de l'Église, qui est la mère de la civilisation, d'entendre toutes ses [pulsations, les plus légères comme les plus fortes, d'admirer et de faire admirer la plus modeste des vertus qui, sous son égide, ont germé sur tous les rivages.

J'énumère ces seuls avantages parmi ceux que ces divers ordres de connaissances présentent à l'histoire. Mais il me semble en avoir dit assez pour conclure qu'il ne suffit pas de demander à l'historien ecclésiastique les qualités morales d'honnêteté, de bon sens, de discernement, comme le faisait l'idéologue abbé de Mably (1). La véracité, c'est ce que l'on exige de l'auteur de *Mémoires*, par exemple ; une juste appréciation des hommes et des choses de son temps, l'accent moral, sont les qualités principales pour celui qui, comme Tacite, écrit l'histoire de son époque. Mais les connaissances spéciales, dont la diffusion est du reste de plus en plus grande, et qui, loin d'exclure, fortifient les qualités morales toujours nécessaires, sont le signe de l'aptitude et donnent la compétence à l'étude du passé. Est-ce à dire que je demande l'enseignement de la Paléographie, de l'Archéologie, de l'Epigraphie dans les Ecoles supérieures de Théologie ? Non : le professeur d'Histoire Ecclésiastique a certes assez à faire ; son enseignement, rencontrant tout, touche à

____

(1) *De la manière d'écrire l'histoire.* Paris 1782.

tout. Mais, s'il doit rester dans son objet propre, il peut à l'occasion et dans l'intérêt de ses élèves donner de ces ordres de connaissances des notions utiles. Elles aideront à l'art merveilleusement : car répétons que, si l'histoire est une science, elle est aussi un art, l'art difficile de faire revivre le passé. Tous les moyens d'érudition créés par la curiosité moderne ne sont pas de trop pour que l'historien se rende familiers les hommes et les choses de ce passé, pour qu'il vive avec eux, respire leur air, et se mêle au jeu complexe des passions, sans toutefois oublier qu'il doit les dominer pour les juger, sans perdre la possession de lui-même et la liberté du regard, de ce regard qui discerne, dans l'évènement, l'action providentielle se déployant à travers les âges pour conduire l'homme au bien. Effectivement, l'homme et Dieu, l'homme réel et Dieu providence, sont les deux grands objets de l'Histoire Ecclésiastique. Montaigne disait avec raison : « Les historiens sont ma droite bale, car ils sont plaisans et aisez ; et quant et quant l'homme en général, de qui je cherche la cognoissance, y paroist plus vif et plus entier qu'en nul autre lieu » (1).

Oui, l'homme avec ses changements, ses intrigues, ses faiblesses, sa mobilité, ses fautes, aux prises avec ses passions, mais aussi l'homme les dépouillant et se donnant la pleine liberté du bien sous la lumière de Dieu qui se révèle et sous sa main qui le conduit. De ce point de vue, rien ne paraît petit ou indifférent, pas même le récit le plus minutieux, à la condition qu'il soit exact : car toute trace du passé porte une empreinte, celle de Dieu et aussi celle de l'homme, l'une fondue avec l'autre sans qu'on puisse dire toujours ce qui est de Dieu, ce qui est de l'homme.

______

(1) *Essais.* Liv. II. Chap. X. Amsterdam, 1781, T. II. p. 150.

Chaque souvenir aide à saisir la chaine qui nous rattache à nos devanciers, à nos pères et à nos frères dans la foi, répandus sur toutes les plages ; chaque souvenir rattache l'humanité à Dieu. L'Archéologie, la Paléographie, l'Epigraphie, tous les moyens d'érudition, en un mot, bien que sortis du génie de l'homme, entrent ainsi dans le vaste ensemble des moyens providentiels mis à notre portée pour discerner ses voies de miséricorde. Apprendre à se servir de ces instruments d'information n'est certes pas un but indigne du haut enseignement. On aurait conquis l'estime pour le présent, et on aurait préparé des générations studieuses pour l'avenir, si on initiait de jeunes hommes à la vraie manière de traiter l'Histoire ecclésiastique, si on leur montrait quelles ressources fournit l'érudition, si on leur apprenait à se l'approprier par la lecture des sources et par l'application sage, intelligente des règles de la Critique.

Aussi bien, il me le semble, les nécessités de l'heure présente, à défaut d'autres considérations, imposent le devoir de poursuivre ce double but, étudier les faits par la méthode scientifique, prendre l'habitude des procédés rationnels par l'étude des faits particuliers. Deux considérations l'établiront amplement, l'une prise d'un intérêt général, l'autre d'un intérêt particulier.

II.

Besoin est, en effet, de nous défendre, et partant d'appeler les soldats, de les instruire, de leur faire connaître le maniement des armes. Il serait superflu d'insister sur ce devoir. Je ferai seulement une remarque importante : elle n'a pas échappé à la perspicacité de plusieurs. Une des douleurs du polémiste, c'est de constater que la plupart des questions portées dans les débats ne sont en général posées et traitées qu'à des points de vue restreints ; le détail obscurcit l'ensemble ; les broussailles des points secondaires obstruent la question principale ; le fait, si petit soit-il, engage le principe. C'est habileté de la part du rationalisme de prendre l'une après l'autre chaque pierre de l'édifice, d'éterniser les discussions et de tenir en suspens la foi de l'esprit. Ce caractère de la polémique contemporaine rappelle le procédé perfide nommé de nos jours la politique du grain de sable. Jetez un premier grain de sable dans les rouages d'une machine : elle conserve encore sa marche régulière : qu'est-ce qu'un grain de sable ? Mais jetez en un second, un dixième, un centième, une déviation se produit, légère d'abord, puis sensible, enfin profonde : finalement, pour rétablir le mouvement normal de la machine, il est nécessaire de la remonter pièce par pièce.

Par un procédé analogue le rationalisme émiette et multiplie les points litigieux, criant victoire sur l'ensemble, quand il mène vivement la campagne sur une question qui serait la dixième, la centième, la millième, si on la classait d'après son importance logique.

Justement l'histoire, plus qu'aucune autre des appartenances du domaine intellectuel, se prête à ce jeu perfide. Ici les faits sont nombreux, complexes, petits parfois, souvent même difficiles à expliquer, par ce que leur ressort est caché. De là découle l'obligation de suivre les débats sur le terrain où ils sont placés et d'étudier toutes choses par le plus minime détail. Or, il est aisé de voir que pour l'étude et dans l'analyse du dé-

tail, il faut une aptitude scientifique et critique fort
grande : la méthode rationnelle y demande une exac-
titude rigoureuse, une précision absolue, une minutie
scientifique qui peut aller jusqu'à la subtilité. Cette analyse suppose évidemment les connaissances générales :
cependant tracer le cadre, fixer le point de vue,
montrer les rapports du détail avec les faits domi-
nants, connexes et connus, l'éclairer par les points
parallèles ou par des conclusions déjà acquises,
mettre, en un mot, chaque fait, et dans chaque fait,
chaque détail à sa vraie place, c'est là un travail
qui suppose de la réflexion, de la pratique, une connaissance approfondie des règles. Si je ne m'abuse, ceci veut
dire que l'aptitude d'un ouvrier se mesure à la connaissance qu'il a de son instrument de travail, et la compétence à l'habileté qu'il met à s'en servir. Ainsi revient
ma conclusion de tout-à-l'heure ; elle a une portée d'un
caractère général et nécessaire : faisons naitre des
vocations scientifiques; formons des ouvriers experts;
façonnons les mains au travail méthodique, opiniâtre
et fécond. Il peut être intéressant, en effet, de suivre
une discussion soulevée à l'occasion, par exemple, de
la venue de S. Pierre à Rome, du différent survenu
entre Polycrate d'Ephèse et le Pape Victor, des accu-
sations dont le Pape S. Callixte à été l'objet, du
schisme d'Accace, des violences de Léon l'Isaurien envers Grégoire II, etc. Mais combien plus important
d'appeler et d'élever des légions d'hommes au cœur loyal,
à l'esprit éclairé, munis de l'outillage nécessaire pour
l'exploration scientifique. Déjà quelques ouvriers ont
surgi çà et là de notre sol soulevé par la lutte. Mais
quelle que soit leur habileté, elle ne supplée pas au
nombre ; seraient-ils des centaines, que leurs bras

plieraient sous la moisson : ils sont à peine des dizaines. Il est donc urgent de les multiplier.

Telle est, en peu de mots, ma première considération prise d'un intérêt général. J'ai parlé aussi d'un intérêt particulier qui plaide pour la même conclusion.

Déjà plusieurs ont salué avec complaisance les annonces d'un mouvement de restauration historique, qui, encore limité, tend à se répandre dans l'Eglise de France tout entière. J'y vois l'indice d'une préoccupation à répondre aux nécessités du moment : elle finira par triompher. L'heure, en dépit des menaces et des craintes, ne paraît pas défavorable. La Révolution va toucher à son premier centenaire ; je veux dire qu'il y aura bientôt cent ans, les archives des évêchés, des chapitres, des monastères, de notre noble Eglise de France furent arrachées de leur sanctuaire naturel, au moment même où l'école bénédictine poursuivait activement la lecture des documents anciens. Qui mesurera l'étendue des pertes que l'arrêt dans le travail fit subir à la science ? Après la catastrophe, les études historiques se ralentirent dans le clergé ; il il fallut aller au plus pressé. Pendant quelques années elles furent même comme interrompues : les nécessités d'un ordre supérieur appelèrent l'effort de toutes les volontés. D'ailleurs le clergé d'avant la Révolution, ce clergé digne, instruit, qui avait traversé la grande épreuve, donnait à l'Eglise de France restaurée un lustre qu'elle envie aujourd'hui. On aimait à s'abriter à l'ombre de ces confesseurs : ils apparurent comme une sauvegarde. De plus, beaucoup parmi les nouveaux venus se mirent à croire que les Bénédictins avaient comme tout fait : la gloire de ceux-ci nuisit à l'émulation de ceux-là. On ne songeait pas que les matériaux inexplorés encore forment des montagnes de parche-

mins, et que, les Bénédictins les eussent-ils tous publiés,
il restait à les interpréter, à donner au récit sa couleur
authentique. On vécut avec Fleury : heureux ceux qui
en possédaient une édition complète, avec les tables.
Les histoires générales de l'Eglise de Rorhba-
cher, de Darras, parce qu'elles furent écrites dans
un sens anti-gallican, parurent combler toutes les
lacunes ; on ne songeait pas que nous manquons même
d'une histoire des trois premiers siècles chrétiens, dont
l'attrait pourtant est si vif et les enseignements si pro-
fonds. Les quelques études d'histoire ecclésiastique
locale qui parurent ici et là ne firent pas naître la persua-
tion qu'en bien des diocèses les œuvres d'histoire locale
remontant au XVII° et XVIII° siècles et restées les
meilleures, peuvent être très utilement vérifiées, com-
plétées, perfectionnées.

Mais présentement dans quelques diocèses se sont
formées, par l'initiative ou sous le haut patronage de
N.N. S.S. les Evêques, des commissions pour l'étude
de l'histoire diocésaine. Là, l'élan est donné et la
faveur, une faveur intelligente, est aux monographies.

Il faut le dire, les diocèses actuels, comprenant
depuis le Concordat quelques uns deux, trois, d'autres
jusqu'à cinq anciens diocèses, offrent un vaste champ
d'exploration. La plupart revendiquent une origine
très haute dans l'histoire de l'Eglise ; leurs chapitres
traitèrent autrefois bien des affaires ; les abbayes et
les monastères compris dans leur circonscription furent
nombreux, florissants, utiles. Il n'en est pas un qui ne
possède des monuments architecturaux de premier
ordre, admirable témoignage de l'antique foi. La vie
paroissiale jouit, pendant de longs siècles, d'un libre
et plein essor : des prêtres vénérables, zélés et oubliés
pourtant, alimentèrent cette vie, monotone en appa-

rence, mais si digne de respect, de populations groupées autour de leur église et de leur cimetière, occupées, pendant le jour, aux champs ou au petit commerce, mais en famille le soir, le dimanche, le jour de fête, tout entières aux choses de l'âme, à la prière, aux intérêts éternels. Plus connus, quelques-uns hommes de grande réputation pour leur savoir et leurs vertus, les évêques placés à la tête des diocèses, furent, la plupart, des prélats distingués et actifs. Pendant longtemps, l'évêque seul imprima le mouvement à la vie religieuse, communale et même politique : il construisait les routes et ouvrait les canaux ; il élevait les forteresses et défrichait les terres, pendant qu'il créait les œuvres de charité, qu'il multipliait les centres du culte et de l'apostolat. Cette marche du peuple français sous la houlette de ses pasteurs est vraiment digne d'étude : dans les mêmes cœurs battaient bien fort l'amour et le culte de nos deux mères, l'Église et la France. Dans ces cœurs battait plus fort encore, si c'est possible, l'amour du sacrifice et de l'humilité ; et la charité du Christ, elle éclate en œuvres, en transports, en fruits de bénédiction dans le *Propre des Saints* qui est le livre d'or de chaque diocèse. Que de souvenirs à faire revivre ! Que de pierres qui parleraient, si on les interrogeait ! Que de débris vénérables à recueillir, qui disparaîtront comme une poussière vulgaire au souffle des âges, si on les abandonne à l'indifférence des uns ou à la malveillante curiosité des autres !

Mais, ne le méconnaissons pas, ce travail de restauration ne sera fécond, il ne fera honneur à la science des catholiques et du clergé, qu'à la condition d'être mené par des ouvriers éclairés, familiarisés avec la méthode et les procédés en vigueur, disposés à faire droit à toutes les exigences légitimes de précision, de rigueur, de discernement que la Critique affirme avec insistance et raison.

J'ajoute que ce travail de restauration historique ne manque pas d'opportunité à l'heure présente. L'Eglise, ayant vécu de plus longs siècles qu'aucun peuple, qu'aucune institution de l'Europe, a fourni l'expérience absolument concluante de ce qu'elle est et de ce qu'elle peut; son histoire est le déroulement de cette expérience. Ne répétons pas, de peur de tomber dans la banalité, que l'Eglise a triomphé des épreuves et des hommes qui paraissaient devoir arrêter sa marche ; de ses annales se dégagent des leçons utiles à tous les temps, aux nôtres en particulier. Mais disons que notre situation, à ce point de vue, est de beaucoup meilleure que celle de nos devanciers : plus le monde vivra, plus fort sera son témoignage en faveur de la foi catholique. Quand Eusèbe recueillait les souvenirs ecclésiastiques du monde romain, il ne pouvait guère songer qu'à faire admirer la constance de l'Eglise dans les souffrances ; et c'était déjà un avantage considérable, puisque jamais peuple ou association religieuse n'avait offert ce spectacle. Il tenta bien dans les *Démonstrations évangéliques* de faire apparaître l'image de Dieu et du Christ, soutenant les fidèles dans le combat et les couronnant après la victoire. Mais, bien que vraies en elles-mêmes, ses conclusions en faveur de la divinité de l'Eglise pouvaient paraître prématurées, comme n'étant pas appuyées sur une expérience assez variée : car le fanatisme est capable parfois de sacrifices surprenants. Les Chrétiens avaient, à la vérité, traversé sans défaillance l'épreuve des catacombes, du fer, du feu, de la déportation. Mais allaient-ils monter les degrés du Palais Impérial, dont les portes s'abaissaient devant la

Croix, d'un pas aussi ferme qu'ils avaient traversé le prétoire ? Le triomphe, que dis-je ? la protection du bras séculier, n'allaient-ils pas amollir les caractères ? La faveur publique n'allait-elle pas jeter dans le sein de l'Église les ferments d'affaiblissement que la richesse apporte avec elle ? La liberté n'allait-elle pas tuer la foi ? Les siècles suivants répondirent et fournirent une seconde expérience. C'est qu'en effet il n'est pas rare que des hommes traversent sans défaillance l'épreuve de la souffrance, quand cette épreuve les prend au berceau : ainsi l'ouvrier, le paysan, l'homme de peine. Mais que ces mêmes hommes soient tout-à-coup portés au faîte des grandeurs, que de l'extrême misère ils passent à l'extrême richesse et de l'extrême privation à l'extrême jouissance, combien qui n'ont plus la magnanimité d'autrefois, la constance, la vertu ancienne. Les grandeurs en venant ont ouvert l'ère des difficultés. Supposez maintenant que ces hommes, autrefois indomptables par le feu, le fer, la mort, mais affaiblis par les prospérités dont ils regorgent, soient tout à coup dépouillés et rejetés dans la misère, rares alors ceux qui prendront avec calme, tranquilité et force le chemin de l'exil; rares ceux qui souriront à la mort, comme lui avaient souri les Ignace, les Polycarpe, les Cécile. La prospérité, arrivant soudain, donne l'ivresse et le vertige; la pauvreté qui revient abat, brise, trouble même la raison et la conscience.

Or, après Constantin qui proclama le triomphe de l'Église, vint Arius qui la désunit, la livra aux subtilités et la désola. A l'empereur qui convoquait les conciles succéda le barbare qui fondit sur l'Église, dispersa les pontifes et massacra les fidèles. L'incendie et le meurtre se promenèrent sur l'Europe, et l'Église fut menacée de périr. Chose digne de remarque : aux Catacombes, à l'amphithéâtre, dans les ceps, on bénissait la Providence; on voyait le Seigneur descendre du Ciel pour chaque martyr, le soutenant, s'entretenant avec lui dans la lutte, combattant à sa place. Au contraire, lors de la bourrasque sanglante, affreuse, épouvantable des barbares, plusieurs se prirent à craindre que la Providence ne se jouât de l'homme. Grégoire de Tours traça l'image lamentable des malheurs publics : et Salvien tenta de réveiller l'antique foi en Dieu. Certes, s'adressant à la partie de l'intelligence qui touche à la conviction, il eut grandement raison d'affirmer que Dieu a des desseins secrets, dont il poursuit la réalisation avec force et suavité. Il est trop évident que ses conseils furent marqués au coin de la sagesse même. L'Eglise, non seulement fit bonne poitrine aux coups de toute sorte, mais encore elle transforma l'incendiaire et le pillard ; elle adoucit le barbare ; elle bénit le berceau des nations modernes. Loin de périr dans le choc, et d'épuiser les sources de sa vie dans l'enfantement des peuples nouveaux, elle acquit des forces plus vives; elle grandit; elle rendit possibles Charlemagne et la renaissance des lettres sous le sceptre de ce prince fort et bienfaisant. Dès lors les destinées et les gloires des peuples et de l'Eglise parurent être communes. C'est pour cela qu'au ix° et au x° siècle son soleil s'éclipsa, mais pour briller bientôt d'un éclat sans égal dans les Croisades et dans l'exercice d'un pouvoir redouté sur le temporel des princes. Or, après ce second et solennel triomphe, amené par des bienfaits multiples, l'épreuve l'assaillit encore. Le xiv° siècle pleura sur les malheurs personnels de la Papauté, exilée d'abord, divisée ensuite par le schisme. Le xv° présenta l'appât d'une renaissance littéraire ; plusieurs crurent boire à la coupe rajeunie du Paganisme ; et le xvi° vit l'Europe du Nord se séparer de l'Eglise, comme au iv°, au v° et au ix°, les nations de l'Orient avaient déjà brisé l'unité ecclésiastique. L'individualisme protestant se plut donc à prophétiser le dernier soupir de la vieille mère des peuples. Mais cette mère ne peut mourir qu'avec ses enfants. Dieu lui ménagea des gloires, des consolations en France, en Italie, en Espagne, et jusque dans les océans les plus lointains. Il est vrai que la restauration religieuse du xvii° siècle ne donna pas les fruits de celle du xiii° ; les résultats obtenus furent compromis par le philosophisme des Dalembert, par les théories sociales des Rousseau, par les sarcarmes des Voltaire. Aujourd'hui même, que dis-je aujourd'hui? depuis bientôt cent ans, la Révolution, plus destructive dans son essence que le Protestantisme, se promet une victoire définitive. Mais déjà l'étoile de saint Thomas d'Aquin monte à l'horizon philosophique élargi par les précisions récentes de la physiologie et de la dynamique. La charité chrétienne apparaît comme une douce image au-dessus du chaos des théories sociales : elle réconciliera l'ouvrier et le patron, la richesse et la pauvreté, la force et la faiblesse. Le trône pontifical bâti sur le rocher indestructible surnage, comme l'arche, au déluge des révolutions : seul il garde, seul il défend efficacement, seul il fait aimer le principe d'autorité, honni, bafoué partout ailleurs. Pendant que les nations latines descendent la pente funeste du rationalisme, celles du Nord commencent à reconnaître leurs errements passés, et sollicitent l'alliance du Pontife pour combattre l'ennemi de tout pouvoir. Sans aucun doute, Dieu, au jour qu'il connaît et qu'il prépare, compensera largement son église de l'épreuve présente. Ajoutez à ces traits d'une esquisse imparfaite, les hérésies, les schismes, les abus, et vous aurez les prémices de conclusions instructives, dont la philosophie et la théologie sont redevables à l'histoire.

Le vaisseau qui soutient l'effort séculaire d'une tempête effroyable et toujours en furie, ne peut donc être conduit que par un pilote, connaissant ses caprices, dominant l'ouragan ou même réprimant ses accès de rage : l'histoire le montre toujours debout, au gouvernail, conduisant l'esquif vers tous les rivages. « O bienheureuse Eglise ! Tu as eu un temps où tu as entendu, un temps où tu as vu ; tu as entendu dans les promesses, tu as vu dans l'accomplissement. Lève à présent les yeux et laisse-les parcourir la terre tout entière ; ton héritage s'étend aussi loin que ses frontières » (1). O bienheureuse Eglise ! tous les peuples, même la plus humble bourgade, ont salué ton pavillon. C'est qu'en effet l'Eglise est catholique : l'idée de la catholicité lui appartient en propre : elle a multiplié pour elle les dangers, mais elle est sa force. Avant la venue du Messie rédempteur, il n'y avait pas de religion ; il n'y avait que des religions locales, nationales, aussi nombreuses que les cultes locaux. Il institua donc la Religion, et la Religion revendiqua pour son héritage toute la terre, et pour sa postérité toutes les races. Les schismes qui se séparèrent de la famille universelle, ne le firent qu'au prix de leur indépendance religieuse. Que vit-on ? Les églises en révolte de la Russie, de l'Allemagne, de l'Angleterre, de l'Orient devinrent nationales, passèrent sous le gouvernement du prince chef politique et chef religieux. C'est ainsi que l'histoire permet d'affirmer sans aucun embarras que le Pape, représentant l'idée de catholicité, est le

(1) S. August. *Enarrat. in. psal.* 47, v. 5, 7.

seul gardien de la liberté religieuse. Soustraits à l'autorité du Pontife, les autels sont soumis aux caprices des despotes politiques, aujourd'hui protestants, demain sceptiques, enfin athées sectaires.

Ces conclusions ne sont-elles pas un délicieux et fortifiant avant-goût de l'enseignement de l'Histoire ecclésiastique ? Mais, on le comprend, pour constater que l'Eglise a sauvé, des milliers de fois, les situations les plus désespérées, ce n'est pas trop exiger, que de demander l'étude de son Histoire jusque dans le plus intime secret. Une image empruntée à la Théologie me représente ce travail fécond, cet enfantement toujours renouvelé de la mère de la civilisation chrétienne. L'Eglise par ses sacrements délivre l'homme du premier et du second péché, du péché d'origine et du péché actuel : ainsi, au cours des âges, elle baptise les peuples et les relève. L'Histoire ecclésiastique dit comment elle les baptise, avec quels divins ménagements elle les guérit de leurs maux, avec quelles tendresses elle les réchauffe sur son sein.

Par quelque côté qu'on envisage l'Histoire ecclésiastique, soit par l'importance de plus en plus grande, de ses auxiliaires, soit par les nécessités et l'opportunité de son étude à l'heure présente, soit par son excellence propre, c'est donc toujours la même irrésistible conclusion : qu'on favorise les aptitudes personnelles, et que les compétences pour l'étude du passé puissent prendre leur plein essor. Mais à qui appartient-il principalement de faire naître ces vocations scientifiques et de les développer ? C'est ce qui me reste à expliquer ; je le ferai brièvement : car on le devine déjà.

III

A qui appartient-il donc de développer les aptitudes scientifiques? Je ne crois pas être téméraire en répondant que cette mission, que cet honneur revient d'abord aux Instituts catholiques, là où est donné le haut enseignement théologique : ils le peuvent plus efficacement qu'aucune autre institution d'enseignement. Que ce haut enseignement, dont la France a été privée pendant près de cent ans (1), soit nécessaire ou du moins très utile, cela paraît hors de doute, maintenant que S. S. le Pape Léon XIII a fait de la restauration des études ecclésiastiques comme l'objet propre de son Pontificat. Sans doute, un esprit auquel la bonté divine aurait départi les facultés d'un Pétau, d'un Champollion ou d'un Rossi pourrait se passer de maîtres, étant lui-même, pour ainsi dire, né maître ; tout pour lui serait l'occasion de développer d'admirables aptitudes scientiques. Les esprits de cette forte trempe sont des génies créateurs ; ils sont la très grande exception. En général, les facultés intellectuelles doivent être mises en éveil par un initiateur : rien ne remplace les maîtres. C'est pour en avoir manqué que beaucoup, remplis de zèle, ayant le sentiment très vif des nécessités actuelles, brûlant du désir de faire quelque chose, s'épuisent dans l'impuissance,

____

(1) Je suis loin toutefois de méconnaître les services rendus par les Facultés de Théologie de l'Etat. Des professeurs éminents y ont enseigné. Quelques-uns ont occupé et occupent encore le rang le plus distingué dans l'Episcopat. Mais ces Facultés n'ayant pas des élèves en titre et leurs professeurs ne formant qu'un jury d'examen, il semble que la condition nécessaire pour imprimer aux études un mouvement profond et durable leur manque.

parce qu'ils n'ont pas de but, parce qu'ils ne se livrent pas à des études spéciales, parce qu'ils ne savent, si cette expression m'est permise, par quel bout entamer une question. Le ministère des âmes, les œuvres paroissiales partagent l'esprit; certainement ils distraient. Mais, à notre avis, l'obstacle principal à l'application à l'étude est ailleurs.

Loin de moi pourtant une pensée de critique sur la manière dont l'enseignement est donné, en France, dans les grands Séminaires. Je ne paye pas ma dette, en entourant de respect et de vénération les hommes qui y dépensent généreusement toute une vie à former des prêtres dignes et pieux. Élevé par des maîtres érudits, zélés pour la science, initiateurs habiles, je sais, par expérience, tout ce qui s'y déploie d'intelligence, d'activité et de savoir: les noms des Boyer, des Carrière, des Le Hir sont sur les lèvres de tous, pour ne parler que des morts. Cependant il me paraît difficile de méconnaître que les nécessités multiples et diverses auxquelles les grands Séminaires doivent répondre rendent parfois infructueux le zèle à former des spécialités. Quel est le but premier qu'on y poursuit ? On s'y propose, avant tout, de former des prêtres vertueux et de donner le savoir suffisant pour l'exercice du saint ministère et l'administration des Sacrements. Mais justement pour cela, c'est une obligation de faire parcourir aux élèves du sanctuaire, dans un espace de cinq ou six ans, le cycle entier de la science ecclésiastique, Philosophie scolastique, Théologie dogmatique et morale, Écriture sainte, Patrologie, Histoire. Ajoutez que dans certains Séminaires, on enseigne concurremment avec la Philosophie, les sciences mathématiques, physiques et naturelles, et que, pendant le temps des études théologiques, on donne des notions de gram-

maire hébraïque. Quel travail ! Quelle obligation oné-
reuse ! J'imagine qu'il en coûte aux professeurs des
grands Séminaires, pour s'astreindre à parcourir dans
un temps relativement court un ensemble étendu de
questions inépuisables. Or l'Histoire ecclésiastique
souffre de la nécessité de tout voir en cinq ou six ans,
plus qu'aucune autre matière des cours, soit parce
qu'elle est réputée moins importante que la Théologie
proprement dite, soit parce qu'elle demande un travail
de recherches impossible dans les grands Séminaires
et des qualités d'esprit dont on est moins capable à 20
ou 25 ans qu'à 35, à 40 et plus tard, soit par ce qu'on
ne voit pas son utilité immédiate pour la prédication et
le ministère. Un manuel est donc mis entre les mains des
élèves; et l'on en déroule les pages à mesure que les cours
le demandent. On retient simplement les faits généraux
qu'un peu de lecture apprendrait; mais on ne sait pas
l'histoire ; on n'y prend pas goût; plus tard, on ne l'é-
tudie pas; c'est à peine si quelques uns la lisent.

Il faudrait parler ici des manuels d'Histoire ecclésiastique qui sont mis entre les mains des élèves du
sanctuaire : grave sujet, auquel nous ne donnerons
pas cependant les développements qu'il comporte ; il
nous suffira de nous faire comprendre.

La délicate question des manuels a, de tout temps,
été de la plus haute importance : c'est en grande partie
l'examen, même le plus simple, des manuels suivis
qui permet d'apprécier l'excellence générale de l'enseignement lui-même, sa supériorité ou sa faiblesse, bien
que les auteurs des manuels perdent leur temps à faire
remarquer dans la préface qu'il sera loisible aux professeurs de les compléter, ou même de les corriger,
selon les convenances et les utilités particulières : car
le professeur le fait toujours, et souvent il le doit.

Aussi bien, de tous les livres, le plus difficile à écrire, c'est le manuel : rares les auteurs qui osent s'engager dans cette laborieuse entreprise ; les œuvres de cette nature couronnent généralement une carrière scientifique. Ce n'est qu'après de longues années consacrées à l'enseignement, que le P. Hurter a écrit le *Theologiæ dogmaticæ compendium* ; que le chanoine de Angelis a consenti à publier les *Prælectiones juris canonici* ; que Fessler à livré à l'impression les *Institutiones patrologiæ* ; que MM. Bacuez et Vigouroux ont donné un *Manuel biblique*, et S. E. le Cardinal Hergenrœther une *Histoire de l'Eglise*. Cette prudence de professeurs d'un rare mérite n'étonne que les esprits prompts : car le manuel suppose dans celui qui le compose des connaissances étendues, sûres, précises, une vie consacrée à l'étude du même objet ; il suppose mieux encore, je veux dire une longue pratique des règles. A vrai dire, un manuel se recommande d'autant plus que l'auteur reste plus fidèle à la méthode rigoureusement scientifique et qu'il en donne une intelligence plus nette. Il partage le privilège de l'enseignement proprement dit. Comme lui, il doit être un guide initiateur et un modèle. Nous comprenons le désir de doter les élèves ecclésiastiques d'un petit trésor de connaissances positives : mais nous croyons aussi que nous gagnerions tous à les former à la rigoureuse manière d'aborder, de développer, de traiter une question, d'entrer dans le domaine intellectuel : ce serait leur assurer le moyen d'acquérir plus tard d'autres connaissances, — nécessairement plus étendues, — par le travail personnel, toujours utile à soi-même, et souvent fructueux pour les autres. Le *Cours d'Histoire ecclésiastique* de M. l'abbé Blanc sortit d'un effort sincère vers les règles et la méthode scientifique. Il fut ce qu'il pouvait être, quand il parut, il y a longtemps déjà : un livre écrit pour *être étudié*, et non pas pour *être lu* seulement. Mais si quelques uns reconnurent une qualité dans son allure sévère, d'autres, et en grand nombre, la prirent pour un défaut. On trouva qu'Alzog et Mœlher, dont les travaux furent traduits dans notre langue, avaient même aggravé ce défaut : l'abondance des notes fatigua ; le *pragmatisme* historique, comme l'on dit de l'autre côté du Rhin, fut peu ou mal compris : car en France la lecture l'emporte de beaucoup sur l'étude proprement dite. M. Darras se fit le porte-voix de ces esprits, qui, tout en s'attachant aux saines doctrines, préfèrent la mise en scène à la réalité historique ; pour écrire il ne manqua pas de motifs ; ils n'étaient que plausibles, mais ils parurent excellents à ceux qui d'avance étaient acquis à sa manière. « Les travaux qui ont paru jusqu'ici en ce genre, dit-il, importés d'Allemagne et empreints de l'esprit de système qui domine la littérature, sont plutôt des cours de philosophie d'histoire qu'une histoire proprement dite. L'accessoire est ainsi devenu le principal : et l'on a paru oublier qu'il faut d'abord connaître la suite des faits, leur liaison, leur enchainement, leur gradation successive, avant de s'occuper de les grouper en système et d'en tirer des conclusions philosophiques. A nos yeux, l'histoire est, avant tout, le récit exact, complet, impartial des évènements. L'habitude de l'enseignement nous a démontré la nécessité de se placer à ce point de vue, si l'on ne veut rendre stérile l'étude de l'histoire. D'un autre côté, un exposé aride des faits offrirait un inconvénient aussi grave, et suivre trop exclusivement l'une ou l'autre méthode serait donner dans un écueil opposé. » (1).

(1) Préface de la première édition.

M. Darras, commençant par où les autres finissent, aux premiers jours d'une vie consacrée à l'étude de l'histoire ecclésiastique, écrivit donc un manuel, en s'appliquant à raconter les faits. Depuis, M. Rivaux et M. Richou l'ont imité, au mécontentement de plusieurs pour lesquels l'histoire est un récit qui n'exclut ni l'art ni la critique. Je ne leur reprocherai pas leur préférence pour *l'école narrative*, ni leur désertion de *l'école philosophique*. Les critiques que j'ose me permettre portent plus tôt sur l'usage qu'ils ont fait de la méthode et des règles. M. Darras, par exemple, dit sans doute avec quelque raison : « A nos yeux, l'histoire est, avant tout, le récit *exact, complet, impartial* des évènements ; » mais il oublie aussitôt que la première condition pour être exact et complet est de lire toutes les sources d'information et de les interpréter par un discernement motivé du vrai et du faux. Il juge lui-même son procédé, quand il écrit dans la *préface de la troisième édition* (1) : « L'histoire de M. Rohrbacher, celles de MM. Blanc et Alzog, les travaux de Mosheim, Mœlher, Dœllinger, Hurter et Ranke, ceux de MM. de Montalembert, de Falloux, Audin, Christophe, et tant d'autres nous offraient les matériaux les plus riches et les plus abondants. » On pense généralement que ces auteurs, quel que soit leur mérite, ont composé leurs travaux en consultant les documents originaux : ils n'en ont pas édité un seul qui ne fût connu avant eux. Mais M. Darras les a pris pour des témoins des faits qu'ils racontent ; aussi le chapitre II de son *Histoire* n'est-il qu'un résumé d'élève de quelques pages des *Origines du Christianisme* par Dœllinger.

Voilà pour les sources.

(1) P. XII.

M. Darras cependant recourt quelquefois au *Liber potificalis*, à Eusèbe, à Saint-Jérôme, et à quelques autres auteurs contemporains, pour me borner aux premiers siècles. Mais rarement il donne les références ; s'il les donne, elles manquent de précision ; et je n'assurerais pas que sa critique ait du discernement. On ne peut se défendre, en le lisant, contre cette impression, qu'il a travaillé sur des œuvres de seconde, de troisième, ou même de dixième main : il est même douteux qu'il ait controlé les citations. Pourtant pour écrire sa grande *Histoire*, il a dû lire, sinon toutes les sources, du moins les principales. Mais il a poussé la négligence jusqu'à ne pas en faire transposer l'indication et le renvoie précis dans sa petite *Histoire*. Aussi peut-on affirmer que cette petite *Histoire*, destinée aux grands Séminaires, n'inspire pas le goût de recourir aux témoins comtemporains, ne donne pas la plus légère idée des règles critiques, et manque dès lors de la qualité essentielle. Si le zèle du professeur ne supplée pas à ce défaut, c'en est fait de toute initiation sérieuse et féconde : l'enseignement restera sans caractère, sans portée solide, c'est-à-dire fatalement stérile. Cependant, dans l'espace de 30 ans, l'*Histoire* de M. Darras a atteint la douzième édition, tandis que le *Cours d'Histoire* de M. Blanc, qui est un guide plus sûr et un initiateur habile bien qu'imparfait encore, n'a vu que la cinquième, depuis quarante ans : infaillible symptôme d'une erreur trop commune. Cet oubli des méthodes inspire des craintes légitimes à ceux qui suivent avec attention le mouvement des esprits à notre époque et qui appellent de leurs vœux les plus ardents le jour où le clergé français reprendra dans le domaine intellectuel l'influence prépondérante qu'il avait acquise dans l'ancienne société et qui était un des secrets de sa force. Au résultat général qui ne voit que les directions particulières ne sont pas données, ou que, si elles le sont, elles ne sont pas obéies, parce que l'esprit en est détourné bien vite ? Nos adversaires exploitent contre nous cette faiblesse : ils nous reprochent nos éloignements du domaine scientifique : et qui dira les maux que nous souffrons de ce reproche dans un siècle passionné pour la science ? Personne ne niera que, si le clergé français possède des hommes de talent en plus grand nombre qu'on ne pense, il compte cependant peu d'hommes spéciaux. Le vieux clergé, celui d'avant la révolution, dont nos vieillards ont admiré la vertu et la sagesse, n'en manquait pas. Les talents contemporains ont été utilisés principalement dans l'administration des Diocèses et la prédication, je le reconnais. Mais cette raison ne suffit pas à expliquer comment depuis trois générations, plus encore dans la troisième que dans la seconde et la première, nous avons manqué de carrières scientifiques; car autrefois aussi les évêchés absorbaient toute l'activité d'hommes instruits, attentifs et avisés. Plaçons plus haut la cause de notre appauvrissement : avant la Révolution, les membres du clergé en grand nombre suivaient le haut enseignement, tandis que depuis ils en ont très généralement été privés.

Or, le haut enseignement est créé par NN. SS. les Evêques ; il est encouragé par le Saint-Siège qui l'approuve ; les grands Séminaires sont une admirable préparation à le recevoir : ce qu'ils ne font pas par le fait des circonstances, les Ecoles supérieures de Théologie peuvent le faire.

Ici, en effet, le régime, l'organisation, le but poursuivi, les conditions des étudiants, tout est, en général, favorable aux études approfondies, et, partant, au développement des aptitudes particulières. Les étudiants ne débutent plus ; ils arrivent avec la formation du grand Séminaire diocésain ; quelques-uns y ont suivi les cours complets ; tous sont dans les Ordres sacrés, ceux-là ont même franchi le dernier degré : ils sont prêtres. La question si absorbante et si inquiétante parfois de la vocation personnelle est résolue ; ils appartiennent donc entièrement à l'étude. Initiés préalablement aux notions générales, ils appliquent leur esprit à quelques points particuliers, que le professeur creuse, approfondit, épuise, si c'est possible. Ainsi se révèle à eux la grande, large et scientifique manière d'étudier. Sans doute le programme des examens *ad gradus* ne peut être toujours le programme du cours : on ne traite pas à fond de vastes matières dans le temps très court que des diacres et des prêtres peuvent leur consacrer. Cette remarque s'applique même particulièrement à l'Histoire Ecclésiastique. Il faudrait de longues années pour étudier les 259 pontificats, qui ont présidé à la marche de l'Eglise, et toutes les affaires politiques et religieuses auxquelles les Papes ont touché ; apparemment les professeurs demanderaient plus de temps que n'en mettent certains esprits heureux à composer une histoire générale. Nécessité est de se borner, de s'attacher à une période historique. La période à laquelle on pense de suite, c'est celle des premiers siècles de l'Eglise, à cause de leur importance et de l'intérêt qui s'attache aux origines. Ainsi le P. de Smedt, quand il enseignait à Louvain, faisait un choix de questions plus difficiles et plus débattues, et les traitait avec une érudition solide et une critique habile ; il limitait les faits étudiés, mais il ouvrait l'esprit de ses auditeurs à la vraie méthode, au procédé rationnel. A Paris, le cours de M. l'abbé Duchesne comprend trois ans et ne s'étend pas au-delà de saint Grégoire le Grand ; et s'il m'est permis, après de tels maîtres, de dire ce que j'ai fait moi-même, la première année de mon enseignement a été consacrée en grande partie à l'étude des règles de la critique ; la seconde s'est passée tout entière dans l'analyse des faits appartenant à la période proprement apostolique. En procédant de la sorte, je n'ai pas cru m'écarter un instant de mon but avoué et réfléchi qui est de développer des aptitudes. Bien au contraire. Nul ne prétendra que la condition indispensable pour initier de jeunes esprits à la forte manière et les amener au biais de l'Histoire soit de développer devant eux les annales entières de l'Eglise ; il faudrait des années pour lire seulement Baronius et ses continuateurs, Raynaldi et Laderchi. Exiger cette étendue dans l'enseignement pour obtenir le but désiré serait méconnaître la nature même de l'enseignement supérieur. Il est par essence initiateur, formateur ; la science proprement dite, elle doit jaillir sans doute des lèvres qui enseignent, mais le professeur ne l'infuse pas. Les étudiants ont de vingt à vingt-cinq ans en général; or, à cet âge on apprend les faits et les notions fondamentales on n'a pas la science. Mais c'est le bon âge pour apprendre à connaître les instruments de la science et à s'en servir. Voilà pourquoi ceux qui ambitionnent de consacrer leur vie à l'enseignement supérieur se destinent à *une* chaire en particulier ; voilà pourquoi, une fois acquise, ils ne la quittent pas ; voilà pourquoi les professeurs dans le haut enseignement sont des spécialistes. Ainsi on voit des hommes enseigner, pendant de longues années, toute leur vie, les uns le Dogme, les autres la Morale, ceux-ci l'Ecriture sainte, ceux-là l'Histoire. Ces hommes,

versés pourtant dans plusieurs ordres de connaissances
se refuseraient à changer l'objet particulier de leurs
études, parce qu'ils craindraient, non de ne pas donner la somme de notions nécessaire à leur nouveau
cours, mais de manquer de l'expérience, de l'usage,
de la pratique indispensables pour une bonne initiation.
N'est-ce pas une garantie ? N'est-ce pas dire aussi que
les Ecoles supérieures de Théologie et la chaire
d'Histoire ecclésiastique comme les autres, peuvent
atteindre le but qu'on s'y propose ?

Elles le peuvent aussi, parce qu'elles sont en mesure
d'employer les moyens pratiques, qui conduisent à ce
but. Qu'il me soit permis d'énoncer simplement quelques-uns des moyens propres à l'enseignement de
l'Histoire. Ici, je dois être bref et réservé, puisque le
premier de tous les moyens, le plus immédiatement
efficace, c'est le cours lui-même. Là, le professeur est
maître, initiateur ; là, l'élève, voyant quel parti le
professeur tire d'un texte, comprend que bien inter-
prêter, bien lire un document, c'est comme le décou-
vrir. L'éclair jaillit et la vocation se décide. Cependant
l'action du professeur serait restreinte, compromise
même, si, sous ses yeux, l'étudiant ne mettait la main
à l'œuvre, s'il ne lui donnait l'habitude de se reporter
aux sources, et, pour cela, s'il ne l'appliquait à les lire
avec lui. Il semble tout simple, naturel et commode,
de prendre comme manuel l'*Histoire ecclésiastique*
d'Eusèbe. On sait que l'Evêque de Césarée y réunit des
documents qui ne sont dans aucun autre ouvrage :
Saint Jérôme disait de lui : « Ecclesiasticam pulchre
historiam texuit. » (1) Mais cette *Histoire* des trois
premiers siècles n'est pas tellement complète qu'elle

____

(1) *Epist. ad Pammach.*

ne permette au professeur un commentaire large, nourri, puisé aux sources parallèles. Il n'aura pas à demander à Dieu, à l'exemple d'Eusèbe, de l'y conduire comme dans un chemin désert, qui jusqu'ici n'a été battu par personne (1). Les différents éditeurs l'ont successivement enrichi de notes savantes ; les travaux subséquents, les découvertes récentes fourniront une abondante matière à la trame de son récit. Il donnera ainsi à l'étudiant le goût et l'habitude de lire les sources.

Les sources historiques ! Les étudier dans la langue originale, extraire tout ce qu'elles renferment de certain ou de conjectural, c'est bien la pratique à laquelle il est superflu de dire qu'on doit s'attacher de plus en plus. Faute de connaître le grec, Baronius n'évita pas toute erreur, et, même en latin, il arriva à Dom Rivet de se méprendre sur le sens et sur la valeur historique de quelques témoignages. Montfaucon, au contraire, fut un helléniste accompli, et Mabillon un latiniste consommé (2) ; et, parce que le grec et le latin sont les deux langues dans lesquelles la plupart des documents ecclésiastiques ont été écrits, ce fut là la raison de leur supériorité comme paléographes, comme diplomatistes, comme historiens. Mais tout cela, prendre l'*Histoire* d'Eusèbe comme base de l'enseignement et comme instrument d'initiation, la lire dans son texte original, la compléter, la corriger même, on peut le faire dans les Ecoles supérieures de Théologie, tandis que ailleurs on se heurterait à des difficultés insurmontables. Si je ne m'abuse, celui qui sortirait de ces Ecoles, ayant pratiqué cette méthode avec le professeur, celui-là serait un esprit formé, ou à la veille de l'être : avec du travail, il deviendrait un ouvrier utile.

(1) *Hist. Eccl.* Lib. I. Cap. I.
2) M. Egger, L'*Hellénisme en France.* T. I, p. 25.

Je dis un ouvrier utile. Pour atteindre plus efficacement ce but final, il serait bon, dans bien des cas, que le professeur perpétuât, en quelque sorte, son action première, l'étendit aux années qui suivent le temps des études, et la portât même plus loin que le cercle restreint encore des étudiants. Un moyen pratique serait la création de bulletins d'Histoire diocésaine. Si Dieu le permet, j'espère aider à la fondation d'un bulletin de ce genre à Toulouse : l'idéal serait de l'étendre à toute la région universitaire. Il présenterait de réels avantages, non pas seulement par les monographies qu'il donnerait au public, mais surtout par le sérieux que les études historiques en général y puiseraient. On s'habituerait à voir les sujets traités par l'érudition : on deviendrait plus sévère dans le choix des livres ; les travaux personnels, petits d'abord, se convertiraient plus tard en œuvres considérables. L'érudition n'effraye que les timides : les esprits de notre temps lui sont de plus en plus familiers. Plusieurs ont montré qu'elle n'exclut pas l'art: trop touffue, elle l'étreint jusqu'à le tuer; mais sobre, elle est une de ses conditions. Le clergé de toute une région, écrivant ainsi sa propre histoire dans un bulletin ouvert à tous ses membres, s'honorerait et se retremperait sans cesse dans les fortifiants souvenirs laissés par nos pères dans la foi. Voilà déjà vingt-deux ans que la *Revue de Gascogne* donne ce bon exemple, et trois que le *Bulletin d'histoire ecclésiastique et d'Archéologie religieuse des diocèses de Valence, Digne, Gap, Grenoble* et *Viviers* fournit une carrière utile. La *Revue de Gascogne* se fonda à une époque où on ne pensait guère à créer des Ecoles supérieures de Théologie ; et M. Ulysse Chevalier, qui est à la tête du *Bulletin*, enseigne au grand Séminaire de Valence. Nous reconnaissons

loyalement qu'il n'est pas nécessaire de recourir, pour
assurer le succès de telles entreprises, au titulaire de
la chaire d'Histoire Ecclésiastique aux Facultés libres.
Mais son action peut s'y déployer utilement, dans l'intérêt
même de son enseignement et pour le but qu'il se
propose. Il salue donc des auxiliaires dans ces Bulletins d'histoire diocésaine, si propres à exciter au
travail ; c'est à lui d'outiller les ouvriers, de les
diriger dans leurs recherches, de les aider même ;
mais cet outillage le plus souvent ne produirait aucune
œuvre, si on n'offrait à l'ouvrier un champ ouvert à
son activité.

Le professeur peut outiller les mains inexpérimen-
tées encore, non seulement en leur apprenant par la
pratique à se bien servir des règles de la critique, mais
aussi en leur enseignant à consulter les sources, et en
les familiarisant avec elles ; je l'ai déjà dit. Un moyen
tout matériel, mais utile, consisterait à leur faire manier
les principaux volumes des collections ou des grandes
œuvres historiques. Les bibliothèques des Instituts catholiques possèdent les deux patrologies, la grecque et
la latine, de Migne : les étudiants sont admis à y tra-
vailler, en s'inspirant de leurs goûts et des besoins de
leurs études ; ils ont donc toute facilité de se reporter
à l'un des plus sérieux moyens d'information. Dans
l'avenir, ces bibliothèques s'enrichiront, si elles n'en
sont déjà dotées, du *Gallia Christiana,* du *Recueil
des historiens des Gaules et de France,* d'une collection
des Conciles, des *Anecdotes* de Martène et Durand,
des œuvres de Duchesne, Montfaucon, Mabillon, Mu-
ratori, Ughelli, Lequien, Baluze, Sirmond, Rossi, etc.,
et en général des publications renfermant les documents, qui sont les instruments nécessaires du travail.
Quand une édition critique d'un auteur ancien paraîtra

dans de meilleures conditions scientifiques qu'auparavant, comme, par exemple, les Pères apostoliques de Funk, elle entrera dans ces bibliothèques. Ce sera toujours au profit des bonnes études, et l'avenir n'y perdra rien : car par la vue et le maniement de ces volumes, la timidité propre à certains esprits, la crainte plus tard d'entrer dans un pays trop inconnu disparaîtront pour faire place à une intelligente initiative. Plusieurs regardent ce premier résultat comme souverainement important. Il n'est pas admissible qu'un homme instruit, qui sort des écoles du haut enseignement, n'ait aucune notion, ou à peu près, des grandes œuvres de l'érudition : et cependant on en rencontre qui n'en ont pris nulle part la plus légère idée. Mais surtout la connaissance que de jeunes esprits feront avec elles, sous les yeux du professeur, à l'heure du premier éveil, leur inspirera le désir ardent d'aller plus avant; et quelques uns feront alors le premier pas vers des entreprises scientifiques qui plus tard honoreront le clergé. Pour si peu que ces jeunes ouvriers éprouvent de zèle, et quelques uns bruleront déjà du feu sacré, les questions se presseront sur leurs lèvres, et mille occasions de les initier à l'histoire littéraire de l'histoire de l'Eglise s'offriront d'elles-mêmes au professeur : dès lors, ils seront excellemment préparés aux travaux personnels. Car ni l'ignorance de la méthode, ni l'absence de toute pratique n'expliquent seules la stérilité de certains efforts : il faut y joindre la timidité naturelle dont on a de la peine à se défendre, en présence des sources trop inconnues de l'histoire nationale ou de l'histoire de l'Eglise.

Ces moyens de faire naitre des vocations, de développer des aptitudes, de former des spécialités en

Histoire ne sont pas les seuls. Je m'arrête ici cependant, me demandant si j'ai bien montré le but. Du moins j'ai voulu le faire. Sera-t-il approuvé ? Pour me le promettre à moi-même, il me faudrait l'assurance que j'ai raison; que dans les temps actuels, la science est un apostolat; que l'Histoire Ecclésiastique réclame à bon droit des bras exercés et durs à la peine. Mais j'éprouve de l'embarras à me persuader que sa légitimité ne soit pas comprise. Le R. P. de Valroger, dont on ne se lasse jamais de rappeler les ardents désirs, le nom et les œuvres, nous faisait l'honneur de nous écrire vers la fin d'une vie, dont le sentiment très vif des nécessités présentes fut le ressort: « Notre foi est attaquée de toute part, sous le couvert des sciences historiques et des sciences naturelles, par des travailleurs sérieux, exercés à l'analyse des textes et au dépouillement des faits. Pour la défendre avec honneur et succès, il nous faudrait opposer à ces légions ennemies, d'autres légions de travailleurs, non moins exercés aux analyses patientes qui doivent précéder et justifier toutes les conclusions synthétiques » (1). Il y a plus. « L'histoire est un Evangile, par ce que le Verbe du Seigneur ne rayonne pas seulement dans l'infini de la pensée divine, mais pénètre et féconde les entrailles de l'humanité qui souffre et espère. » (2) C'est parce que l'histoire est cela que les meilleurs esprits voient une opportunité salutaire, à une époque de rudes épreuves, de divisions et de malentendus, à interroger le témoin des temps. L'étude des âges glorieux de l'Eglise console ses enfants. Elle éclaire aussi : car le récit de ses épreuves, en nous enseignant que

____

(1) 4 Décembre 1875.

(2) D. Tosti, *Storia della lega lombarda* Dédicace à Pie IX. Monte Cassino. 1848.

nous ne pouvons être de meilleure condition que nos devanciers, met sous nos yeux et propose à notre imitation leur sagesse et leur constance : ainsi l'histoire est l'école de la vie. Mabillon avait présents à sa pensée les services que son étude peut rendre, quand il écrivait: « *Si vis fructuose et religiose studiis dare operam, stude ad pietatem, ad actionem, ad temporis rationes...* »(1) A aucune époque, les études historiques en général, n'ont joui, à l'égal d'aujourd'hui, de l'estime et de la faveur publique. Nous nous porterions un préjudice irréparable, si nous laissions penser que nous délaissons l'Histoire Ecclésiastique. Elle est généreuse : c'est nous les premiers qu'elle enrichira. Les nobles exemples des saints, des Papes, des Evêques, des fondateurs d'ordres qu'elle nous présente, portent vivement à la piété, à la vertu, au zèle. Elle nous dit comment on se conduisait autrefois dans les occurrences difficiles. Rien d'étonnant que Bossuet, philosophe, théologien, polémiste, orateur, y appliquât son grand esprit. Il la proposait aux princes (2) ; il entretenait le pape Innocent XI des avantages qu'on en retire et dont « le premier est de faire voir tout ensemble l'autorité et la sainteté de la Religion par sa propre stabilité et par sa durée perpétuelle » (2).

Que Dieu féconde nos désirs, s'ils entrent dans les desseins de sa miséricorde : surtout puissions-nous répondre aux siens, pour sa gloire et pour l'honneur de l'Eglise.

(1) De Monast. stud. ratione. T. I. p. 480.
(2) Orais. funèbre d'Henriette d'Anglet. Ed. Lachat, T. XII, p. 479.
(3) De l'instruct. du Dauphin. Lettre à Inn. XI. n° XII.